AF258274

OPINION

DES

ÉLECTEURS CONSTITUTIONNELS

DE L'ARRONDISSEMENT

DE CHATEAUBRIANT,

SUR

LES ÉLECTIONS DE 1842.

NANTES,
IMPRIMERIE DE FOREST,
Quai de la Fosse, N° 2.

1842.

OPINION

DES

ÉLECTEURS CONSTITUTIONNELS

DE L'ARRONDISSEMENT

DE CHATEAUBRIANT,

SUR

LES ÉLECTIONS DE 1842.

———————◆———————

La France va être appelée à se prononcer sur les hommes qui aspirent à l'honneur de la représenter. Cet acte est tellement grave dans les circonstances actuelles, qu'il est du devoir de tous les Électeurs de s'éclairer mutuellement et d'apporter à la solution de cette importante question le concours de leurs lumières. C'est ce devoir que nous venons remplir.

Sincèrement attachés aux principes constitutionnels résumés dans la Charte, nous ne pouvons être favorables qu'à un candidat aussi éloigné des utopies républicaines qui ne sauraient se réaliser sans un effroyable bouleversement, que des rêves d'un passé tombé sans retour dans le domaine de l'histoire. Les conditions que nous entendons imposer à celui qui sollicitera nos suffrages seront donc : le respect pour les lois de notre pays, la ferme résolution de les défendre dans l'intérêt de tous, et une complette indépendance vis à-vis des partis et du pouvoir tout à la fois.

Deux Candidats se présentent aux Électeurs de l'arrondissement de Châteaubriant ; ce sont MM De la Pilorgerie aîné, et De la Haye Jousselin. Leur position, leurs antécédents, leurs principes, leur mérite personnel, tombent dès lors sous l'appréciation des hommes dont ils sollicitent les suffrages. Nous userons de ce droit comme il convient de le faire à des hommes libres de toute préoccupation autre que celle de l'intérêt public.

M. de La Haye Jousselin, administrateur des biens du duc d'Aumale, a représenté cet arrondissement depuis 1837. Deux fois il a trouvé, dans ce collége, une majorité composée des éléments les plus divers. Amis et adversaires se sont demandé, la veille aussi bien que le lendemain de ces deux élections, quels principes représentait le Député de Chateaubriant. Soit dédain, soit absence de conviction, aucune déclaration solennelle, aucune explication significative n'est venue rassurer ou satisfaire ses commettants. A défaut de paroles, le pays a été réduit à interpréter des votes ou des actes, qu'un petit nombre d'amis se sont efforcé de représenter sous des couleurs diverses. Examinons ces votes à notre tour.

Le lendemain de la première élection de M. de La Haye Jousselin, le journal *la Quotidienne* enregistrait le triomphe d'une majorité légitimiste à Châteaubriant, et quelque temps après, un député ministériel de plus allait s'asseoir sur les bancs de la Chambre. Les préférences ministérielles de M. de La Haye Jousselin se développèrent si rapidement, qu'aux élections du 2 mars 1839, dix-huit mois après sa première élection, il put réunir trois éléments de succès inconciliables en apparence, l'appui du ministère, celui du parti légitimiste, et l'influence inconstitutionnelle que lui donne la position d'agent d'un prince.

Le résultat des élections renversa le ministère Molé ; M. Thiers, qui lui succéda, fut lui-même remplacé par M. Guizot, qui tient encore aujourd'hui le porte-feuille. Ces deux derniers ministres étaient précisément les chefs de la fameuse coalition de 1838, contre laquelle votait M. Jousselin, en faveur du ministère Molé. Quelle ligne de conduite a-t-il suivie sous ces divers cabinets ? Sans doute, M. Guizot, en montant au pouvoir, l'aura trouvé dans les rangs de l'opposition? N'en croyez rien. M. Jousselin se présente aujourd'hui, devant nous, comme Candidat ministériel. M. Guizot l'appuie, l'impose; c'est son protégé. Toute dénégation de ce fait est un mensonge.

Quels titres font valoir les partisans de M. de La Haye-Jousselin, pour appuyer sa réélection? Deux discours et deux votes. Le premier de ces discours se compose de quelques lieux communs sur le sel ; le second, écrit dans le style incorrect d'un grand seigneur, a pour but de conseiller à cette classe économe et industrieuse, qui fait aujourd'hui l'honneur et la force de la France, de faire des armes, de chasser à courre, et de dépenser son superflu en chevaux de luxe. On y invite même la Chambre des Députés à se souvenir qu'elle est composée de grands propriétaires, et à laisser là la politique, pour s'occuper, avant tout, de semblables questions. Telles sont les bribes oratoires que, durant six sessions, le député de notre arrondissement a laissé tomber de cette tribune où les Foy, les Benjamin Constant ont fait entendre leur puissante parole. Heureusement, hâtons-nous de le dire, le premier de ces discours n'a jamais été prononcé, et personne ne s'est occupé du second.

A défaut de la Tribune, un autre moyen s'offre aux députés peu habitués à parler en public, de faire preuve de zèle et de capacité. La Chambre leur délègue le soin d'examiner, en commission, les projets de loi présentés par le Gouvernement. Une sorte d'exclusion systématique semble peser, en ce cas, sur M. de La Haye Jousselin, car nous ne nous souvenons d'avoir remarqué son nom, qu'à l'occasion de la loi sur les *vices redhibitoires.*

Deux votes ont signalé, dit-on, son indépendance. Il a repoussé la loi *des fortifications* et le projet de *dotation* en faveur du duc de Nemours. M. de La Haye Jousselin, suivant son habitude, n'a jamais rendu compte des motifs qui ont déterminé, dans le premier cas, son prétendu vote. Nous regretterions, pour M. de La Haye Jousselin, *mais pour lui seulement,* qu'il ait émis le second; cela ne lui était permis, croyons-nous, qu'en se démettant de ses fonctions. Comblé des bienfaits de la famille d'Orléans, enrichi par les largesses du prince de Condé, autorisé par M. le duc d'Aumale à user de son influence d'intendant pour assurer son élection, nous regretterions, disons-nous, pour le caractère de M. de La Haye Jousselin, que cet acte d'indépendance fût en même temps un acte d'aussi notoire ingratitude. Si les intérêts du pays doivent être préférés à tous les autres, il est toujours possible de les concilier avec ses devoirs personnels, et si l'on veut devenir enfin un député indépendant, rien n'est plus simple que d'abandonner sa place.

Qu'on se rassure du reste à cet égard. Le reproche de ce vote ne peut être adressé par la famille d'Orléans

à M. De la Haye Jousselin, et nous allons le prouver.
Lorsqu'après la présentation des projets de loi d'apanage, en 1838, se forma la coalition des 213 Députés
qui se réunirent pour voter contre le ministère Molé,
celui-ci, ne pouvant se soutenir dans cette position, en
appela à des élections générales, et employa pour se les
rendre favorables tous ses puissants moyens d'action.
Entre autres, il créa sous le titre de *Bulletin Français*,
un journal qui fut envoyé à tous les Électeurs de
France. Cette feuille reproduisit la liste des 221 Députés qui étaient restés fidèles au cabinet, et que, par
conséquent, il protégeait de son influence. Le nom de
M. De la Haye Jousselin y était inscrit, donc ce Député avait voté dans le sens du ministère, donc il n'a
pas été ingrat.

. Mais une question plus importante encore que ces
considérations, une véritable question constitutionnelle
nous empêcherait en tous cas de voter pour M. De la
Haye Jousselin. Nous pensons que son titre d'intendant
d'un prince est un motif suffisant d'exclusion. Devant
une pareille influence, nous croyons que le collége ne
jouit pas de toute l'indépendance que la constitution
devrait lui garantir.

Le pays que nous habitons n'était, il y a un demi-
siècle, qu'un grand fief, un apanage pour ainsi dire en
dehors du droit commun. Ces chaînes sont brisées sans
doute, et ni la ruse, ni la force, ne sauraient parvenir à

en rattacher les anneaux rompus ; mais cependant, il est évident pour nous qu'on cherche à y réconstruire, à l'abri de la constitution, une sorte de vassalité électorale, calculée de manière à étouffer dans le collége toute indépendance, toute spontanéité. Nous nous opposerons constamment à ces tentatives ; et, s'il ne nous reste que cette ressource, nous en appellerons aux grands pouvoirs de l'état. Il y a, en ce qui nous concerne, violation de la constitution, et nous croyons fermement que cet essai ne peut être ni dans l'intérêt du pouvoir, ni dans celui du pays, et qu'il ne sera profitable à aucun parti sérieux.

Le contraste qui existe entre M. De la Haye Jousselin et M. J. De la Pilorgerie aîné nous ramène à celui-ci. Sa jeunesse a été consacrée à des travaux d'instruction solide et consciencieuse, et, à tout autre qu'à un ignorant ou un détracteur, il n'est pas inutile de rappeler que ses études d'abord littéraires, et dirigées plus tard spécialement vers les questions politiques, sont constatées par divers ouvrages recommandables que les gens de lettres et les économistes savent apprécier. Après la révolution de juillet, il a pendant plusieurs années pris une part active à la polémique de la presse parisienne, et jamais sa plume n'a défendu que les principes constitutionnels. Dans plusieurs missions gratuites et d'intérêt public que le gouvernement lui a confiées, il s'est trouvé à même d'observer les mœurs et les institutions de nos voisins, genre d'études que sa connaissance pratique des langues étrangères lui a rendu facile.

Sa vie toujours sérieuse et occupée, l'a mis en rapport avec les idées libérales de notre époque. Depuis long-temps déjà, possesseur d'une fortune personnelle plus que suffisante pour ses besoins, célibataire et indépendant, il a toujours voté et agi de concert avec les constitutionnels. Sa conduite honorable aux élections de 1837, lorsqu'il se retira pour éviter la scission des patriotes lui mérita leur concours en 1839, où ils le portèrent comme leur candidat, en opposition avec M. de la Haye-Jousselin. On sait que malgré tous les ressorts qu'on fit jouer contre lui, ses adversaires osèrent à peine se réjouir de leur victoire, tant la bataille avait été douteuse. Depuis ce temps, les patriotes l'ont envoyé au conseil général du département, d'où son compétiteur, M. du Boispéan, ancien sous-préfet de la Restauration et l'ami de M. Jousselin, a été écarté ; aujourd'hui ils le présentent de nouveau comme leur candidat, aux élections générales de 1842.

Ne pouvant lui reprocher aucun fait contraire à ses opinions modérées, mais fermes et constitutionnelles, ne pouvant médire de son passé, ses adversaires calomnient son avenir. Fort d'antécédents qui n'ont jamais varié, (et combien peu ont le droit d'invoquer un pareil avantage!) M. de la Pilorgerie aîné répond à ceux qui l'accusent de ne solliciter la députation que pour devenir l'instrument servile du gouvernement, que cette accusation est absurde contre lui, *l'antagoniste du candidat ministériel ;* contre lui, qui, déjà d'un âge mûr, et dans une position faite, ne peut avoir et n'a qu'une ambition, celle de représenter dignement et loyalement son pays, celle de continuer dans les affaires publiques auxquelles il se croit préparé par des études spéciales, l'existence laborieuse et grave devenue pour lui une habitude et un besoin. Quant à ceux qui osent nous accuser, nous électeurs constitutionnels, d'être guidés par des motifs d'intérêt personnel dans notre vote pour M. J. de la Pilorgerie, nous leur répondrons qu'aucun de nous ne veut ni ne sollicitera de place du gouvernement, que notre conduite n'est dictée que par l'impulsion désintéressée de notre opinion, et sans espoir comme sans regret d'aucune faveur ministérielle; que bien plus, nous regardons comme indignes ceux qui pourraient être préoccupés d'une pareille considération. C'est du reste une déclaration que nos antécédents rendaient inutile; une pareille imputation ne pourrait que pour nos adversaires, devenir un reproche mérité.

Nous voterons donc pour M. de la Pilorgerie aîné, parce que ses œuvres et ses sympathies sont toutes acquises aux institutions de 1830, parce que nous le savons capable de comprendre les vrais intérêts du pays et de l'arrondissement, de les représenter et de les servir sincèrement et sans arrière-pensée, parce que la haine que lui ont vouée les ennemis de nos institutions est à nos yeux une consécration de sa candidature, parce que ses antécédents, ses opinions, ses paroles, nous assurent un député dont les actions et les votes seront en dehors

de tous motifs d'intérêts, d'ambitions ou d'influences personnels ; parce qu'il ne cessera pas d'être l'homme de tous
pour devenir l'homme de quelques uns , et parce qu'enfin
nous sommes persuadés de pouvoir , à une autre épreuve
électorale. le retrouver devant ses juges pur de toute
déviation à ses principes , à la probité politique, et à
l'indépendance du député.

LES ÉLECTEURS CONSTITUTIONNELS
DE L'ARRONDISSEMENT DE CHATEAUBRIANT.

3 *Juillet* 1842.